d

REISEN
MIT
LORIOT

DIOGENES

Herausgegeben von Susanne von Bülow, Peter Geyer, OA Krimmel
Buchgestaltung: i_d buero
Alle Rechte vorbehalten
Copyright © 2017
Diogenes Verlag AG Zürich
www.diogenes.ch
30/17/21/2
ISBN 978 3 257 02145 5

AUTOREISEN

»An der nächsten Kurve ist mein Urlaub zu Ende …«

Das Zeitalter der steigenden Verkehrsdichte bedroht die Entfaltung Ihrer Persönlichkeit. Beweisen Sie durch eigenwillige Wahl
der Fahrbahn Ihre Unabhängigkeit auf dem Weg zum Erfolg.

Bei Reisen im Automobil haben sich Ratespiele bewährt, an denen alle Insassen teilnehmen können und die jede ausgedehnte Überlandfahrt entscheidend verkürzen.

IM WOHNWAGEN

Für Wohnwagenfreunde, die auch auf Campingplätzen land-
schaftliche Reize nicht entbehren wollen, ist gegen geringen
Aufpreis ein formschöner Anhänger-Anhänger erhältlich,
der auch bei starker Sichtbehinderung ungetrübte Freude an
südlicher Romantik garantiert.

Der vollautomatische Großraumanhänger öffnet sich bei Barometeranstieg selbsttätig zur luxuriösen Liegeterrasse. Die präzise arbeitende Klappvorrichtung sorgt in unbeständigen Wetterperioden immer wieder für reizvolle Überraschungselemente.

A FALSCH

B RICHTIG

Ohne durchdachte Gewichtsverteilung keine Freude am
Anhänger. Bei rückverlagerter Gattin und Hinterradantrieb (A)
ist auch trotz Vollgas kein nennenswerter Geländegewinn
zu erzielen. Die vorgelagerte Gattin (B) begünstigt durch
Druck auf die Hinterachse Straßenlage und Geschwindigkeit.
Kleine Einbußen in der Lenkung werden durch erhöhte
Aufmerksamkeit ausgeglichen.

A

Liebhabern raumsparender Wohnanhänger hat eine bekannte
süddeutsche Firma die Ideallösung anzubieten. →

B

Die bisher streng geheim gehaltenen Werkzeichnungen zeigen
das preisgünstige Fahrzeug in Tagstellung (A) und, nach wenigen
Handgriffen, in Nachtstellung (B).

BAHNREISEN

»Der Lokführer hat gesagt, das nächste Mal würde er aber nicht
mehr anhalten, wenn einem der Kaugummi runterfällt.«

»Sowie 'ne Weiche kommt, biege ich ab.«

IM SCHLAFWAGEN

Rechtzeitige Vorbereitung auf die Nacht beschleunigt die Arbeit
des überlasteten Schlafwagenpersonals.

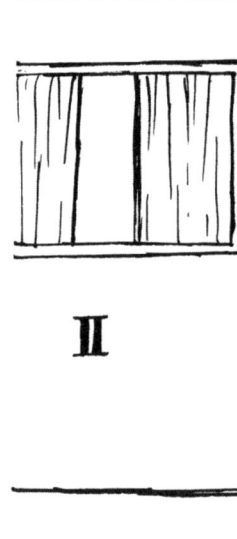

II

Noch lässt die Bedienung im Schlafwagenwesen hie und da zu wünschen übrig. Dieser Herr wird am Zielort mit dem Schuhputz nicht zufrieden sein.

Erfahrene Reisende wählen das oberste Bett des Abteils, da die unteren Schlafgelegenheiten häufig zu Reklamationen Anlass geben.

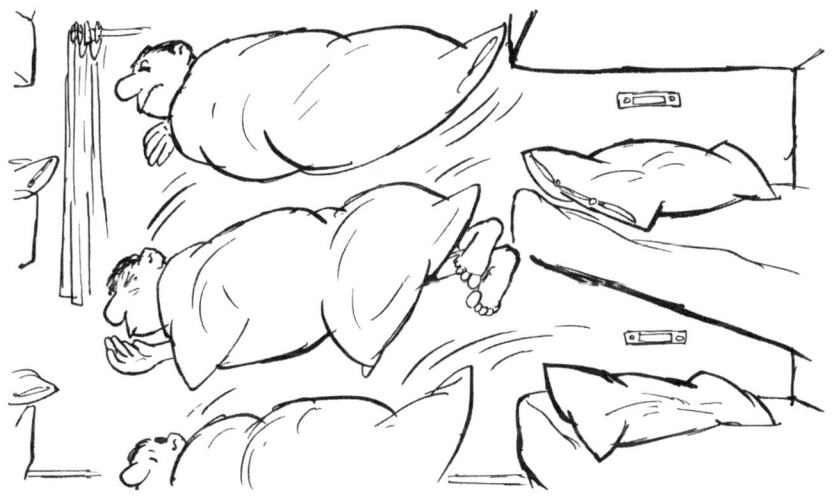

Bei plötzlichem Halt auf freier Strecke ist das Verlassen des Bettes nicht gern gesehen. Merke: *Ruhe bewahren und weiterschlafen.*

SEEREISEN

Rege Mitarbeit bei der Schiffsführung macht Sie zum Lieblings-passagier des Kapitäns. Merke: *Nachts und bei schwerem Wetter ist Ihr Platz auf der Kommandobrücke.*

An schönen Tagen bietet das Füttern von Möwen eine willkommene Abwechslung. Immer wieder sind die spaßigen Vögel Grund zu ausgelassener Fröhlichkeit.

Ein nachlässig vorbereitetes Sonnenbad an Deck kann bei
aufkommender Dünung zu vorzeitiger Beendigung der
Reise führen. Die vorschriftsmäßig angebrachte Retournier-
spirale schnellt den Seetouristen nach unfreiwilligem
Verlassen des Schiffes (A) auch bei starker Schiffsbewegung
stets in die gewünschte Ausgangsposition zurück (B).

Ängstlichen oder nervösen Seereisenden empfiehlt sich vor
dem abendlichen Aufsuchen der Koje das Anlegen der Sicher-
heitskleidung zur Gewährleistung eines ruhigen Nachtschlafs.
Die gut durchdachte, vollständige Ausrüstung besteht aus
Floßsack mit automatischem Gebläse, Dauerkeks, Süßwasser-
tönnchen, Seekarten, Navigationsbesteck, Leuchtpistole,
Antihaikragen und Lieblingsbuch.

Nörgelei oder häufige Beschwerden wegen Kleinigkeiten werden an Bord nicht gern gesehen. Ernstere Beanstandungen oder Verbesserungsvorschläge sind schriftlich in doppelter Ausführung einzureichen und werden auf dem Dienstwege wohlwollend geprüft. Formulare sind täglich von 10 bis 11 Uhr (außer sonnabends) beim Zahlmeister erhältlich.

Auch rauher Seegang entschuldigt keinen Formfehler unter Passagieren der ersten Klasse. Beim Vorstellen im Speisesaal hätte Karl-Heinz M. sagen müssen: »Das ist meine Frau« und nicht »Das ist meine Gattin«.

Oft rufen kleine Zwischenfälle allgemeine Verstimmung unter den Seereisenden hervor. Wer die Dinge von der heiteren Seite sieht, hat mehr davon.

An der übertriebenen Eleganz erkennt man den unerfahrenen Schiffsreisenden. Bei kleineren Kreuzfahrten auf dem Mittelmeer zwischen Genua und dem Vorderen Orient genügt am Nachmittag Smoking und Cocktailkleid.

Nach Beendigung der Reise nimmt die Schiffsleitung gern eine
kleine Aufmerksamkeit entgegen. Beliebt sind Blumen, Konfekt
und Rauchwaren. Unter erschwerten Umständen, wie bei dem
abgebildeten Ausklang einer Kreuzfahrt durch die Karibische See,
ist der Kapitän auch schon mit einem Paar Manschettenknöpfen
(beispielsweise) sehr zufrieden.

FLUGREISEN

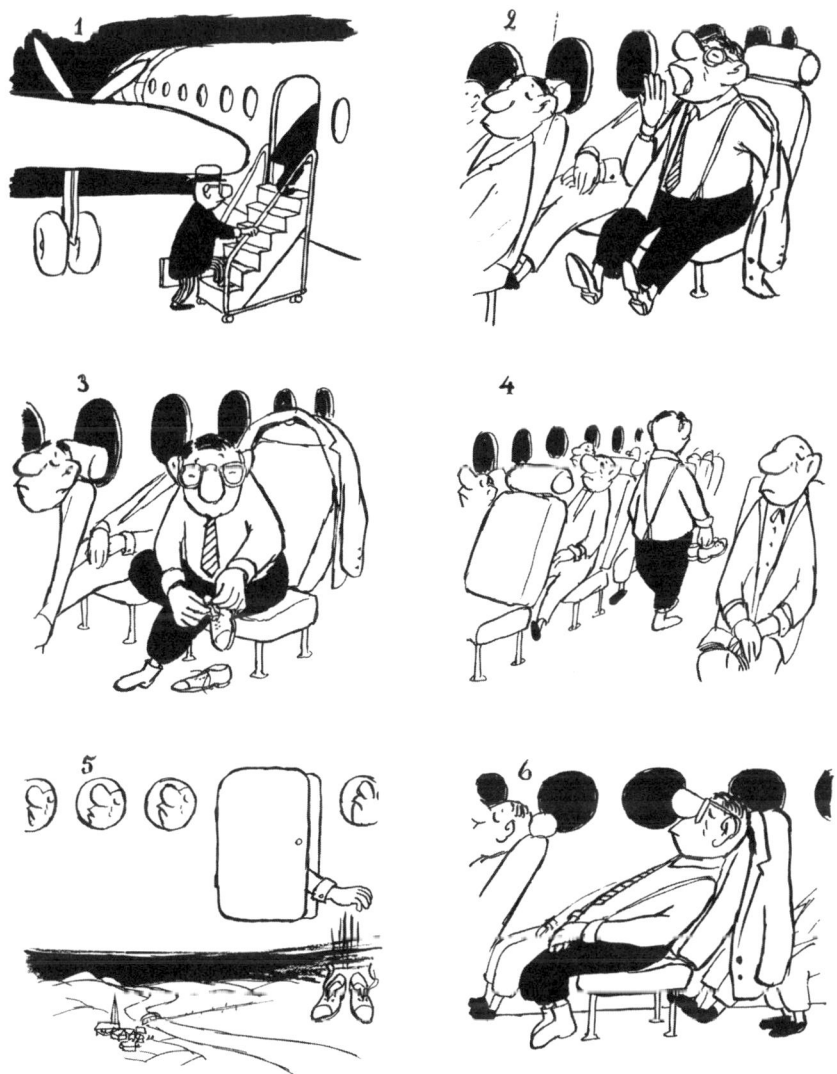

»Der Start ist immer ein Risiko.«

Trotz direkten Anschlusses an das internationale Luftfahrtnetz haben Flugreisende nach Dinkelsbühl (PFEIL) vorläufig noch kleine Unannehmlichkeiten in Kauf zu nehmen.

Durch hohes fliegerisches Können erzielte der Chefpilot
einer Boeing 887 auf der Ostasienroute Frankfurt–Singapur
eine extrem günstige Ausnützung des Tankinhalts.

Auf seine Frage, wie lange sich der Start der Maschine
noch verzögern werde, erhielt Fluggast Hans-Günther P. (47)
eine überraschend unbefriedigende Auskunft.

In Anbetracht der aufkommenden Gewitterneigung entschloss
sich Flugkapitän Jörg B., die Strecke München – Köln in
Bodennahe zuruckzulegen. Merke: *Der Wunsch zu fliegen ist so
alt wie die Menschheit selbst.*

Auch ängstliche oder besonders wertvolle Fluggäste können
in den vollen Genuss einer Luftreise kommen. Pilot und
Bodenpersonal sind gern bereit, beim Mitführen privater
Sicherheitsvorrichtungen behilflich zu sein.

Das Auf- und Abspringen alter oder gebrechlicher Flugreisender während der Fahrt ist im Luftverkehr nicht erwünscht. Im Übrigen gilt für vorzeitiges Aussteigen: *Rechte Hand am rechten Griff.*

Diese Herrschaften setzen nach dem Flug von Hamburg nach
Hannover zur Landung an. Kleine wetterbedingte Abweichungen
von der Reiseroute werden durch große Bequemlichkeit ausgeglichen.

Luftreisen sind heute nicht mehr das Vorrecht einer sozialen
Oberschicht. Auch ganz kleinen Angestellten ist das Fliegen
schon zur Gewohnheit geworden.

FALSCH

RICHTIG

Bei einer Luftreise sind kleine Unregelmäßigkeiten unvermeidlich. Falls Sie jedoch eine Beschwerde für erforderlich halten, ist sie nicht an den Piloten, sondern in einem höflichen Schreiben an die Luftverkehrsgesellschaft zu richten. Merke: *Der Ton macht die Musik.*

IM ZELT

Wer sich bei der Wahl des Zeltplatzes von Außenstehenden
dreinreden lässt, zeigt einen beklagenswerten Mangel an
Selbstbewusstsein. Energisches Auftreten ist ungeschriebenes
Gesetz unter Naturfreunden.

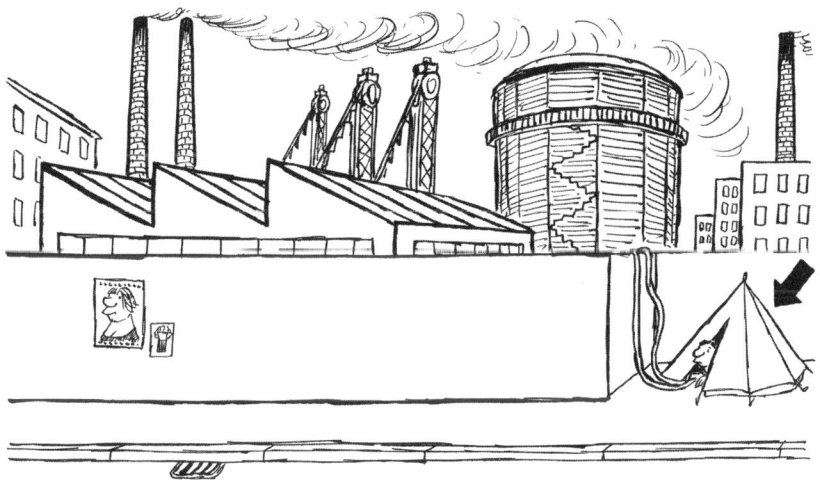

Ungewohnte Umgebung und günstige Lage zur Wasser- und
Stromversorgung kennzeichnen den Zeltplatz des erfahrenen
Campingfreundes (PFEIL).

VERPACKT

IN BETRIEB

Campingfreunde können aufatmen: Wenige Handgriffe genügen, und der Sonnenlichtkonzentrator ›Flora 1‹ ist betriebsbereit. Das formschöne Gerät für Reise und Freizeit röstet je nach Witterung zwei Scheiben Toast in 30 – 40 Minuten.

Damen, die auf sich halten, wählen als idealen ständigen
Begleiter für Freizeit, Reise, Spiel und Sport den Roboter in
der raumsparenden Campingausführung. Er kann lachen,
singen, küssen, beißen (auch Brötchen und zähes Fleisch).
Er ist ferner völlig unempfindlich gegen Kälte, Nässe
und Ungezieter.

Der Kavalier steht auf, wenn eine Dame das Zelt betritt. Diese einfache Geste der Höflichkeit wird heute oft unter fadenscheinigen Gründen außer Acht gelassen.

Auch Kulturmenschen bietet sich die Möglichkeit erdnaher
Erholung. Die Mitnahme vertrauter Kleinigkeiten macht das
Zeltinnere wohnlich und vermittelt echte Urlaubsstimmung
statt primitiven Naturgenusses.

Da Sie auch auf Campingplätzen zum Einnehmen einer warmen Mahlzeit berechtigt sind, wird jeder Förster für kleine Missgeschicke Verständnis haben, die oft unvermeidlich sind. Bei schwerwiegenden Vorfällen empfiehlt es sich, dem Hüter des Waldes eine Aufmerksamkeit zukommen zu lassen (Blumen, Konfekt).

Campingfreunde sind anderen überlegen. Schon nach wenigen
Wochen im Zelt (A) haben Sie zu Lebensformen von gesunder
Ursprünglichkeit zurückgefunden, die Staunen und Bewunderung
erregen (B).

IM HOTEL

»Dies ist das Zimmer mit fließendem Wasser.«

Wer im Zweifel ist, ob er sich im richtigen Hotelzimmer befindet, unterziehe das vorgefundene Gepäck einer kurzen Durchsicht, bevor er sich gewaltsam Zutritt in das belegte Bett verschafft. Oft weisen schon Kleinigkeiten auf einen Irrtum hin und bewahren vor misslichen Fehlgriffen.

Dem einzelreisenden Herrn ist der Empfang einer einzelnen Dame in seinem Hotelzimmer nicht gestattet. Mehrere Damen dagegen gelten als Verein und haben jederzeit Zutritt.

Infolge des Personalmangels wird es auch in Hotels der Spitzen-
klasse gern gesehen, wenn das Putzen grob verschmutzten
Schuhwerks von den Gästen selbst vorgenommen wird.

Gegen die Mitnahme von Hunden in den Speisesaal ist
seitens der Hoteldirektion nichts einzuwenden, sofern sich
das Tier ordnungsgemäß an der Leine befindet.

AM MEER

1

2

3

»Und das ist das Mittelmeer … die Augen – auf!!!«

»Heute klappt das Baden schon viel besser!«

»… und sind es die glücklichsten Tage meines Lebens – Punkt –
Unterschrift – Marke drauf …«

»Seht mal – es fährt von alleine!«

»Nein – habe auch keine Ahnung, wo das Wasser ist …«

»Das Meer – das Meer!«

Freizeitglück und ungetrübte Lebensfreude an Europas
Sonnenstränden können durch das gelegentliche Auftauchen
kleiner Zivilisationsspuren nur noch gesteigert werden.

1

2

3

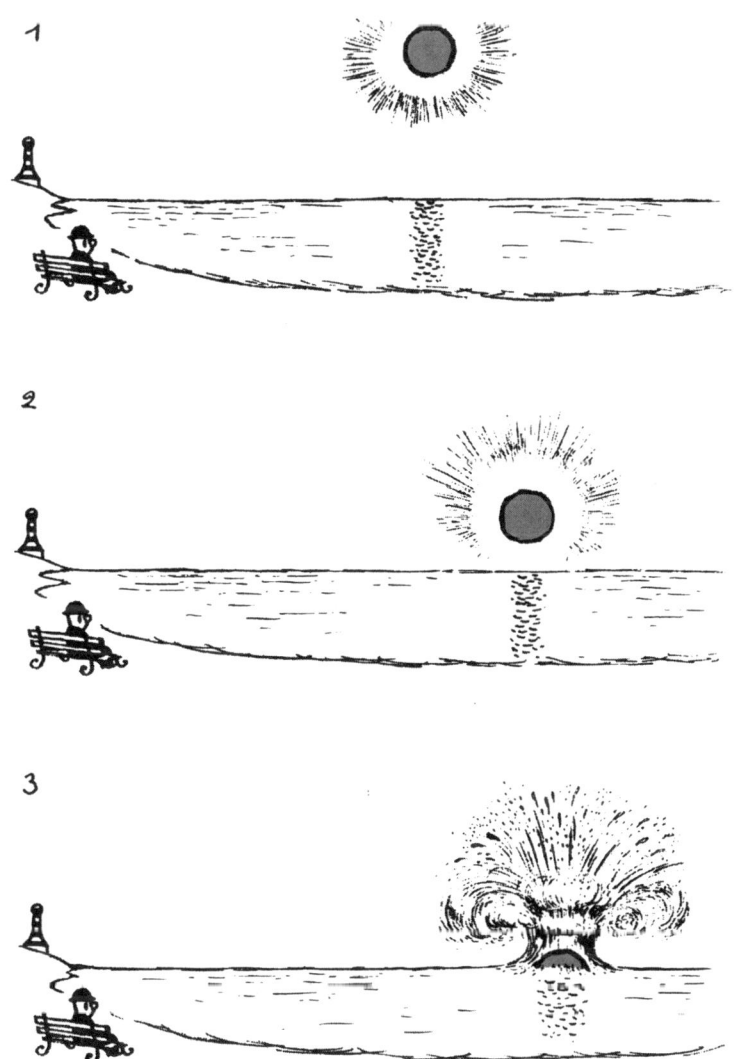

AUF EINER
EINSAMEN INSEL

Berufstätige werden sich schnell an die neue Umgebung gewöhnen. Die langjährige Benutzung öffentlicher Verkehrsmittel verleiht ihnen die geduldige Zuversicht, dass es weitergeht, auch wenn es nicht so aussieht.

Schiffbrüchige, die sich in finanziellen Schwierigkeiten befinden, können mit etwas geschäftlichem Fingerspitzengefühl in wenigen Jahren eine gesicherte Existenz aufbauen.

Am leichtesten fällt dem Naturfreund die unerwartete Situation.
Für ihn gilt die Devise: *Natur ist überall schön!*

Alleinstehenden schiffbrüchigen Damen ist gegenüber etwaigen
Bewohnern der Insel äußerste Zurückhaltung geboten, auch
wenn sie unter großer Langeweile leiden sollten.

FALSCH   RICHTIG

Während eines längeren Aufenthaltes in reizloser Umgebung beginnt sich der Herr links schon nach acht Monaten zu langweilen. Dem Herrn rechts vergehen durch das Multiplizieren mehrstelliger Zahlen im Kopf die Jahrzehnte wie im Fluge.

IM AUSLAND

FALSCH   RICHTIG

Vornehmster Wunsch des Touristen ist es, nicht als solcher
erkannt zu werden. Während der Herr links durch konservative
Reiseausstattung vorzeitig sein Inkognito preisgibt, hat sich
der Herr rechts ebenso unaufdringlich wie geschickt der landes-
üblichen Kleidung angepasst.

Kleidsame Plaketten und Kofferkleber in künstlerischer
Ausführung verleihen Ihnen das Fluidum weltmännischer
Reiseerfahrung.

RICHTIG

Häufig führt schamloses Umherstarren zu Differenzen mit der
Bevölkerung. Man besinne sich auf seine Rolle als Gast und halte
den Blick stets bescheiden in den Sucher des Fotoapparates
gesenkt.

Italienische Museen sind kein Aufenthaltsort für halbbekleidete
Touristen. Gegen die Darstellung des Nackten in künstlerischer
Form ist jedoch nichts einzuwenden.

Es müsste Ihnen längst zur höflichen Selbstverständlichkeit geworden sein, Kulturstätten mit Ihrem Namenszuge zu versehen. Allerdings will das Wo und Wie wohl überlegt sein. Bedenken Sie, dass eine nur oberflächlich angebrachte Inschrift im Laufe der Jahrhunderte unleserlich zu werden droht.

Auf Wein, Weib und Gesang haben Sie bei Pauschalreisen in den Süden unseres Kontinents bekanntlich ein Anrecht. Sollten Sie dennoch auf Schwierigkeiten stoßen, rettet ein derbes Scherzwort mit Sicherheit den erwünschten Frohsinn.

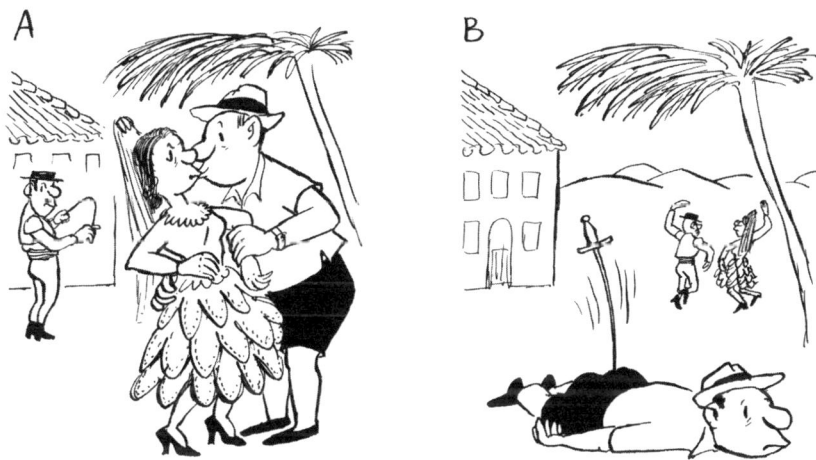

Touristen, die sich im Ferienparadies Spanien der einheimischen Bevölkerung mit betonter Herzlichkeit nähern (A), erzielen meist umgehend einen nachhaltig engen Kontakt (B).

Dieser stets nur in Sofia auftretende Zustand des Herrn Anton K. lässt vermuten, dass gewisse bulgarische Nationalgerichte zwar als wohlschmeckend, jedoch nur als bedingt bekömmlich zu bezeichnen sind.

Frau Gertrud P. (LINKS) fand, ihr Gatte habe schon am zweiten
Tag ihres Aufenthaltes in Rimini ganz andere Farben als daheim
in Recklinghausen.

Infolge ihrer Kontaktfreudigkeit, gepaart mit natürlicher Anmut, flogen Frau Emmi S. aus Bad Godesberg alle Herzen der spanischen Herrenwelt zu.

Durch intensives Studium schottischer Lebensgewohnheiten
bemühte sich Familie O. aus Köln, ihren Teil zur Völker-
verständigung beizutragen.

PASSENDE WORTE
IM AUSLAND

Frankreich ist das Land der Höflichkeit. Das Wort ›Pardon‹
erwartet man dort auch in Fällen, über die in Deutschland kein
unnötiges Wort verloren wird.

FALL I

Ihre Gattin wird am Strand von Einheimischen angesprochen.
Passende Bemerkung: *»Kann ich mich irgendwie erkenntlich zeigen?«*

FALL II

Sie sind bei Ihrer südländischen Wirtin zum Nationalgericht
eingeladen. Passende Bemerkung: *»Ohne Sauerkraut kriege
ich ihn nicht runter.«*

FALL III

Ihr Gatte greift versehentlich in einen Stierkampf ein.
Passende Bemerkung: *»Macht nichts, es ist nur die Freizeithose.«*

FALL IV

Sie geraten in einen parteipolitischen Meinungsaustausch.
Passende Bemerkung: *»Wir lieben alte Sitten und Bräuche.«*

DAS ORIGINELLE REISEZIEL

Ganz zu Unrecht wurden die Dschungelgebiete im indonesischen
Archipel bisher nur von wenigen Urlaubern besucht. In üppiger
Vegetation erwartet Sie dort das große Abenteuer bei günstiger
Wetterlage.

Auch eine Reise nach Nordafrika beweist, dass Sie sich etwas leisten können. Wer die Stille liebt, findet dort in allerfeinstem Spielsand vielfältige Möglichkeiten zu ausgedehnten Spaziergängen (bis zu 9376 km Länge).

Mit der Entfernung des Reiseziels wächst das Staunen Ihres
Bekanntenkreises. Oben das Ehepaar Gerhard und Irmgard Sch.
bei der Abreise aus Hannover (A) und nach der Ankunft in
einer Stadt im Mittleren Westen der Vereinigten Staaten (B).
Die ungewohnte Umgebung wird Ihnen guttun.

Stunden echter Entspannung mit dem prickelnden Reiz des Sensationellen verschafft Ihnen ein Aufenthalt auf dem Bikini-Atoll, einem Paradies im Pazifischen Ozean. Kleine Ungelegenheiten werden nach Ihrer eventuellen Rückkehr durch den Erfolg der Reiseschilderungen bei weitem aufgewogen.

IM ALL

1 *2* *3*

Anspruchsvolle Raketenfreunde bevorzugen das Mehrstufengerät ›Monika‹ (mit Schwundausgleich). Frau Gisela P. (31) befindet sich nach geglücktem Start mit diesem Modell auf ellipsenförmiger Bahn um die Erde. Sie rechnet mit einer Flugzeit von 250 Jahren und einem mittleren Erdabstand von 85 000 Kilometern. Zurzeit steht sie im Sternbild des Großen Bären.

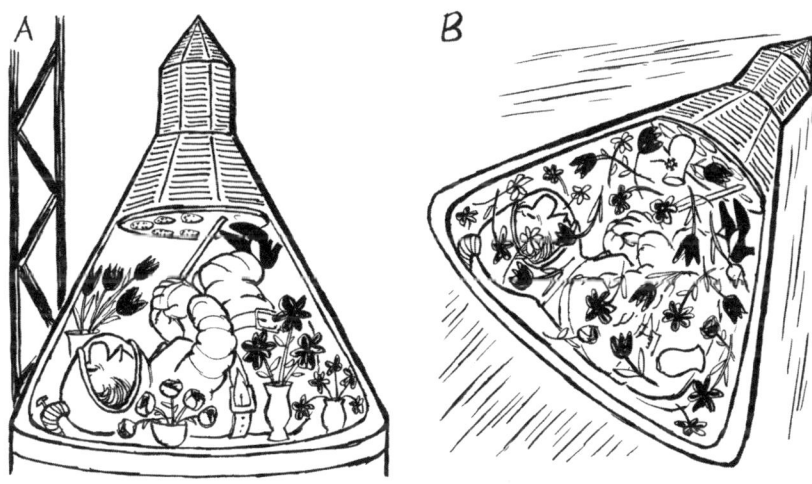

Farbenfrohe Blumenarrangements von Freunden und Bekannten
verschönen die aufreibende Wartezeit in der Mercury-Kapsel auf
der Abschussrampe (A). Nach Start und Eintreten der Schwere-
losigkeit bilden die Blüten einen entzückenden Rahmen für die
Astronautin und gestalten die Raumreise zum unvergesslichen
Erlebnis (ʙ).

Leidenschaftliche Hausfrauen brauchen auch im All nicht auf ihre gewohnte Tätigkeit zu verzichten. Hinter dem Armaturenbrett finden sie Staubsauger, Schrubber und Spülbecken raumsparend untergebracht (**A**). Die günstigen Abmessungen der Kapsel gestatten auch hier bei einer Geschwindigkeit von 28 000 km pro Stunde intensive Raum- und Geschirrpflege in bequemster Lage (**B**).

Volles, duftiges Haar nach dreimaliger Erdumkreisung garantiert
der druckfeste ›Kombi-Trockenhelm‹. Vor dem Einstieg wird die
Locke feucht eingedreht und der Helm angelegt (A). Während des
Fluges arbeitet die Föhnautomatik konstant mit 38 Grad Celsius.
Beim Aufschlag auf den Atlantik schaltet sich das Gerät selbständig
ab. Vor dem Verlassen der Kapsel Helm abschrauben und Locken
auskämmen! Die Dame von Welt ist unabhängig von Raum und
Zeit (B).

Sollte der Flug durch zufällige Landung auf einem Himmelskörper für unbestimmte Zeit unterbrochen werden, ist die Kapsel mit wenigen Handgriffen in eine Frisiertoilette zu verwandeln, um der Raumfahrerin das vor ihr liegende Jahrtausend so angenehm wie möglich zu machen. Merke: *Ungepflegte Kosmonautinnen gehören nicht ins Universum.*

VORMITTAGS IM ALL   ZUM TEE   FÜR FESTLICHE STUNDEN

Die Dame von Welt(all) wird auch in planetarischer Entfernung nicht auf weibliche Anmut verzichten. Der Vormittag verlangt eine betont hausfrauliche Note. Während die Einladung zum Tee unaufdringliche Eleganz erfordert, wird ein Abend im Weltraum erst durch volle Entfaltung damenhafter Reize zu einem unvergesslichen Erlebnis.

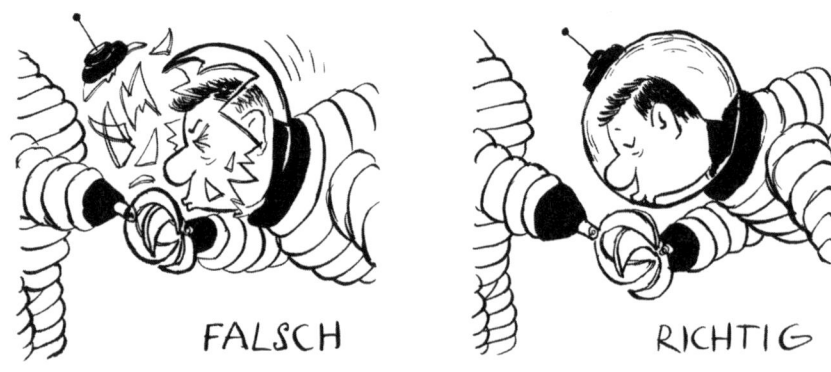

FALSCH   RICHTIG

Es kann als sicher angenommen werden, dass der Handkuss
auch auf anderen Himmelskörpern seinen Siegeszug fortsetzen
wird. Jedoch ist eine gewisse Zurückhaltung geboten, da schon
geringfügige Übertreibungen ein versehentliches Ableben
zur Folge haben können.

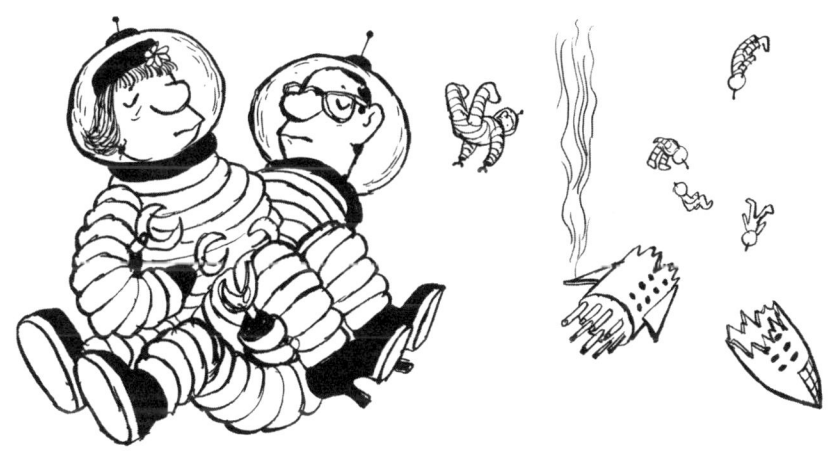

Bei katastrophaler Unterbrechung der Weltraumreise hat
ein Kavalier Gelegenheit, sein Format zu beweisen.
Merke: *Keine Dame möchte einen Flug von mehreren Millionen
Lichtjahren ohne männliche Begleitung antreten.*

Sparsame Vegetation und geringer Auslauf lassen vermuten,
dass Sie auf einen (unbedeutenden) Himmelskörper geraten sind.
Machen Sie es sich recht bequem, da Sie mit einem Aufenthalt
von mehreren Millionen Jahren rechnen müssen.

1

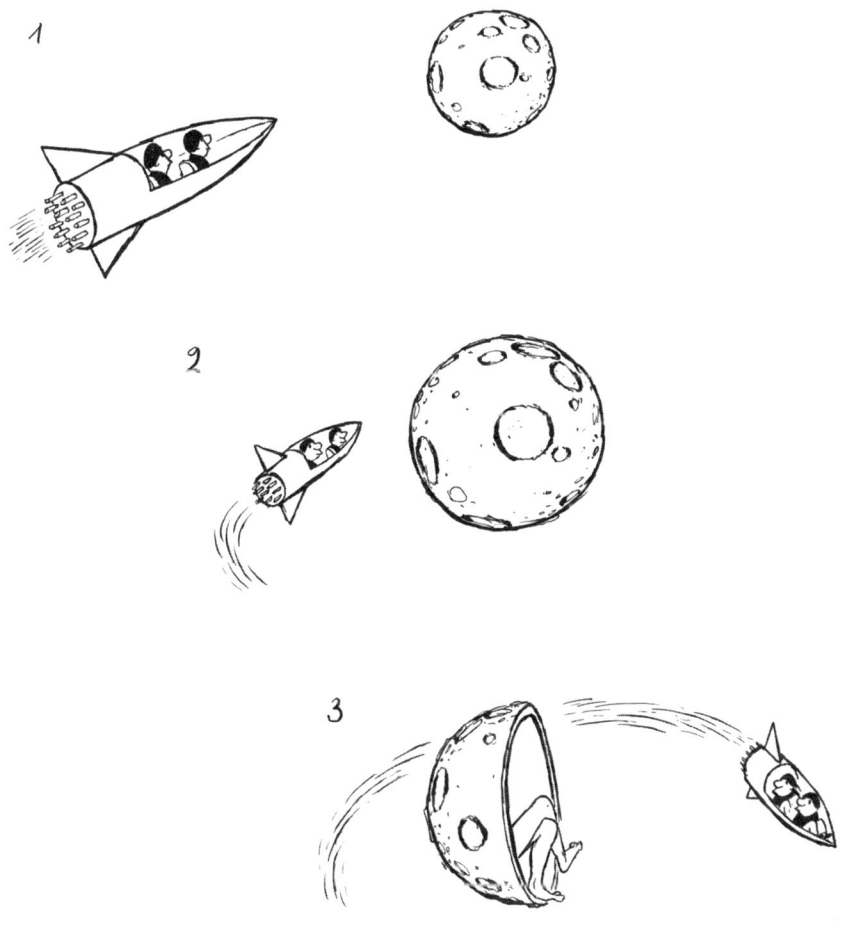

2

3

NACHSAISON

Während der Hauptsaison ist die See häufig als solche nicht erkennbar (A). Erst in den frühen Herbsttagen entfaltet sie, vom störenden Mitmenschen befreit, den ganzen Zauber beruhigender Unendlichkeit vor dem wonnetrunkenen Auge des Späturlaubers (B).

Auch die herbe Schönheit der Alpen erschließt sich dem natur-
liebenden Hochtouristen erst ab Ende September. Mehrtägige
Grat- und Passwanderungen, ohne die geringste Unterbrechung
durch geräuschvolle Restaurationsbetriebe, lassen die majestätische
Bergwelt in ganz neuem, beglückenden Lichte erscheinen.

Schon aus gesundheitlichen Gründen gilt ein Campingurlaub
in der Nachsaison als Geheimtipp für Genießer.

Rasche, individuelle Bedienung ist das Kennzeichen der Nachsaison. Tausende von ausgeruhten Kellnern und Oberkellnern
stehen bereit, auch noch dem letzten Gast vor Eintritt der
Winterruhe jede Mahlzeit zu einem unvergesslichen Erlebnis
zu gestalten.

WEITERE BÄNDE IN DIESER REIHE

ZURÜCK ZUR NATUR
MIT LORIOT

KOCHEN & GENIESSEN
MIT LORIOT

WOHNEN
MIT LORIOT